Narcisismo en las relaciones

Cómo reconocer a un narcisista, desprenderte de él y por fin ser feliz

Annika Pütz

CONTENIDO

Qué puedes esperar de este libro

Me siento enferma, cansada y vieja. Ya no tengo energía para nada. Sólo estoy esperando. Esperando una palabra amable, esperando a que vuelva conmigo, esperando a que me reconozca. No puedo entender qué estoy haciendo mal, no es bueno para mí, lo sé. Pero no puedo evitarlo, me quedo. Es culpa mía. Sólo tengo que esforzarme más, ser más tolerante. Entonces todo irá bien".

Todas las personas que han tenido una o varias relaciones o encuentros con un narcisista han tenido pensamientos de este tipo. Muy a menudo nos encontramos con este tema a la hora de elegir pareja. ¿Te han decepcionado repetidamente, te sientes utilizado o incluso culpable?

Probablemente una amiga ya te ha dicho que sigues "enamorándote" del mismo tipo de hombre. Quizá ya estés reflexionando sobre ello por tu cuenta y estés pensando en revisar a fondo tu "patrón de atracción". Tal vez sigas en una relación de ese tipo y quieras salir de ella, pero no sabes si realmente puedes verlo "claro".

Éste es exactamente el tema que tratamos en este libro. Quiero ayudarte a tomar conciencia de las características del narcisismo e invitarte a reflexionar sobre qué pautas de comportamiento te han llevado a encontrarte repetidamente con hombres narcisistas. También quiero ofrecerte orientación sobre cómo liberarte de las relaciones destructivas.

Para simplificar, escribo desde el punto de vista de una mujer. En este punto, sin embargo, hay que decir que el narcisismo también existe naturalmente entre las mujeres. Esto difiere en algunos aspectos de las características del narcisismo en los hombres, pero en el fondo no supone gran diferencia. Por lo tanto, en principio, los hombres que se encuentran repetidamente con personalidades femeninas narcisistas también están invitados a reflexionar y romper pautas de comportamiento destructivas.

Narciso - Lo bello

Narciso era el hijo común del dios del río Kephisos y de la ninfa del agua Leiriope. Nació de una violación y creció como un joven lleno de orgullo por su propia belleza. Tanto los niños como las niñas le idolatraban, pero él las rechazaba a todas despiadadamente.

El joven Ameinias también experimentó este rechazo. Narciso le envió una espada. No pudo soportar este insulto y se suicidó con la espada, no sin antes invocar a los dioses para que le vengaran. Némesis o Afrodita escuchó su súplica y castigó a Narciso con un insaciable amor propio.

Al mirarse en el agua, se enamoró perdidamente de su reflejo, sin darse cuenta de que era él mismo a quien veía en el agua. Este amor estaba marcado por la insatisfacción, él lo reconocía, pero no le sirvió de nada. Sufrió por su reflejo hasta que murió.

Pausanias, un escritor de viajes griego, contó que Narciso se sentó un día junto al lago para disfrutar de su reflejo. Una hoja cayó al agua y distorsionó su reflejo. Narciso, escandalizado y creyéndose feo, murió a consecuencia de ello. Tras su muerte, se transformó en un narciso.

El término "narcisismo" se ha desarrollado a partir de esta mitología griega. A grandes rasgos, describe a personalidades que suelen parecer exigentes, arrogantes y prepotentes. Aparentemente son personas muy seguras de sí mismas, o al menos transmiten activamente esta imagen al mundo exterior. Sin embargo, esta impresión externa esconde a menudo una autoestima más bien débil, que se hiere con facilidad, lo que hace que a estas personas les resulte difícil enfrentarse a las críticas. Aún más: a los narcisistas les cuesta perdonar las críticas. Se supone que nadie se da cuenta de lo sensible y débil que es en realidad la persona que se esconde tras la fachada.

Los problemas de los narcisistas empiezan pronto.

No están a la altura de sus propias exigencias, se dejan llevar por el perfeccionismo y les atormenta el miedo al fracaso. Suelen tener problemas en su lugar de trabajo y nunca se hacen justicia a sí mismos.

Cuando la balanza se inclina: ¿estilo personal o desorden?

Lo que conforma nuestra personalidad es una cuestión compleja. Todos tenemos en nosotros partes de impulsividad, volatilidad, dramatismo, egoísmo y mucho más. Cada persona tiene una forma distinta de percibir su entorno y de interactuar con otras personas. La distribución y expresión de nuestras características individuales o nuestros patrones de pensamiento y acción nos permiten desarrollar una personalidad. Está moldeada por nuestro mundo exterior y, de forma significativa, por nuestras experiencias en la infancia y la adolescencia. En general, estas características se equilibran entre sí, aunque algunos rasgos sean más pronunciados y otros menos.

Pasamos de una personalidad a un estilo de personalidad cuando algunos rasgos de carácter aparecen más claramente que otros. Las transiciones deben considerarse fluidas. Por tanto, la mayoría de las personas son más bien un "smorgasbord" de diferentes estilos de personalidad, más o menos pronunciados.

Pero, ¿cuándo hablamos de "trastorno" de un estilo de personalidad? Siempre es así cuando determinadas características son demasiado pronunciadas y, al mismo tiempo, resultan muy inflexibles. Si la forma de pensar y sentir destaca fuertemente en el entorno y tiene un efecto decisivo en el comportamiento de la persona , esto puede indicar un trastorno. Sin embargo, es difícil juzgar cuándo se trata de un estilo de personalidad muy pronunciado y dominante o de un trastorno. Las transiciones entre ambas variantes son fluidas.

Las alteraciones del comportamiento interactivo son las más evidentes. Esto puede repercutir negativamente en las amistades, los conocidos o las relaciones familiares. Esto se debe a la percepción distorsionada de la realidad. Por ejemplo, las acciones neutras se perciben como más negativas que la media o los acontecimientos se perciben de forma muy exagerada. Sin embargo, las personas con un trastorno no sólo perciben de forma diferente su entorno, sino también a sí mismas. De este modo, los logros pueden representarse de forma exageradamente positiva.

Para obtener un diagnóstico claro, es esencial acudir a un psiquiatra o a un terapeuta. En psicoterapia, primero se puede hacer un diagnóstico con ayuda de la "psicoeducación" y buscar juntos una forma adecuada de terapia. Para ello son necesarias muchas conversaciones individuales. Sin embargo, esta forma de tratamiento requiere cierta perspicacia por parte de la persona afectada y una gran confianza mutua entre paciente y terapeuta.

Partiendo de este diagnóstico problemático y muy difícil, en el curso posterior sólo hablaremos de estilos de personalidad.

Además del estilo de personalidad narcisista, el llamado "estilo de personalidad límite" es el más conocido y la mayoría de la gente está familiarizada con él. En la psicología moderna, este estilo de personalidad se denomina "emocionalmente inestable". Se caracteriza por una clara tendencia a actuar de forma inesperada y sin tener en cuenta las consecuencias. Los afectados suelen tener fuertes cambios de humor, que pueden desembocar en repentinos estallidos de ira o, a veces, incluso en acciones violentas. No están seguros de sí mismos, de sus preferencias y necesidades, por lo que a menudo se sienten vacíos. Suelen esforzarse desproporcionadamente para evitar que les abandonen. Esto les lleva a menudo a comportamientos autolesivos e incluso a pensamientos suicidas.

Otro estilo de personalidad bastante conocido es el estilo "dependiente" o de "dependencia". A las personas afectadas les gusta que otras personas de su vida tomen las decisiones, incluso que les pidan que lo hagan. Suelen pedir consejo a los demás y que les reafirmen en sus decisiones. Lo sorprendente es que las personas con este estilo de personalidad se subordinan a las necesidades de las personas con las que existe dependencia. Los afectados son muy sumisos y casi nunca exigen nada. Lo hacen porque tienen mucho miedo a quedarse solos. Entonces se sienten indefensos y ya no se sienten capaces de cuidar de sí mismos. Lo peor para ellos sería ser abandonados por su pareja, amigos o familiares.

NARCISISMO Y CO-NARCISISMO - EL "DREAM TEAM" (EQUIPO DE ENSUEÑO)

No en vano te he presentado precisamente estos dos estilos. Al igual que el yin y el yang, el estilo dependiente y, en algunos casos, también el emocionalmente inestable, forman una unidad con el narcisismo. No siempre tiene que haber un trastorno directo por ambas partes. Las partes fuertemente pronunciadas ya son suficientes aquí para encontrarse "atractivas" la una a la otra.

La relación entre un narcisista y una persona dependiente se denomina co-narcisismo o narcisismo complementario. En este caso, existe una satisfacción mutua de ambos mundos de necesidades. Las características de un co-narcisista son comparables a las de una persona dependiente.

Se preocupan demasiado por hacer feliz a su pareja. Sus propias necesidades pasan a un segundo plano. La necesidad de ternura, amor y atención es simplemente demasiado abrumadora y hace que todo lo demás parezca carecer de importancia. Los narcisistas tienen talento para transmitir el sentimiento de unicidad muy pronto y al principio de una relación. Por fin, el co-narcisista ha encontrado a alguien que ve lo especial en uno. El miedo a no encontrar nunca a esa persona y quedarse solo para siempre está profundamente arraigado en ellos. Sólo se alegra de "cuidar" por fin de alguien, de poner el mundo a sus pies.

Un narcisista lo acepta de buen grado. Al fin y al cabo, se siente más cómodo cuando recibe la admiración de los demás, porque eso le demuestra que ha disimulado con éxito sus propios sentimientos de inferioridad. ¡Perfecto a primera vista! Si no fuera porque es difícil complacer a una persona con inclinaciones narcisistas:

"S. planeó un fin de semana juntos en las montañas. Iba a ser una sorpresa para su pareja P.. Él siempre trabaja muchas horas durante la semana, a menudo está estresado por el trabajo. P. reacciona con desdén a su anuncio, le dice que tiene cosas importantes que hacer, pero va de todos modos. Cuando llegan al hotel, P. critica el mobiliario de la habitación. Mientras deshace la maleta, insiste en que quiere marcharse temprano a la mañana siguiente porque tiene otras citas. S. se siente culpable por no haber prestado suficiente atención a las necesidades de P.. Decide firmemente esforzarse más la próxima vez".

El ejemplo de S. muestra claramente cómo piensan y sienten los codarcisistas. No dan espacio a su propia decepción por la reacción de su pareja y aprovechan su reacción como una oportunidad para reconsiderar la supuesta maldad por su parte.

Aquí, sin embargo, también se hace visible la falta de empatía. Los pensamientos de un narcisista giran principalmente en torno a sí mismo. El hecho de que S. pueda no querer viajar de vuelta tan temprano a la mañana siguiente o la cuestión de qué planes tiene ella carecen de importancia para él.

El círculo de amigos de un adicto también está sometido a una gran tensión. A menudo, la persona afectada no tiene más remedio que revelar tarde o temprano su sufrimiento a su círculo de amigos. Pero a los confidentes más íntimos se les pone muy difícil y no pocas veces sus comentarios objetivos caen en saco roto. El co-narcisista se ve rápidamente en la tesitura de querer defender a su pareja. Demasiado presentes en estos momentos están los bellos momentos de la relación, que el narcisista le regala en dosis homeopáticas. La conciencia culpable de no estar suficientemente agradecida por ellos es demasiado grande.

¡Encantador e irresistible!

NARCISISMO EN LAS REDES SO-CIALES

Facebook, Instagram, Tinder, Twitter, etc. Las plataformas son tan diversas como los grupos objetivo. Cada formato ofrece mucho espacio para la autopromoción. La competencia es feroz, de modo que, para la mayoría de nosotros, las habilidades con ese fin se han convertido en algo natural a la hora de tratar con los medios sociales. Con estas habilidades, también crece el narcisismo en nuestra sociedad.

"¿Fotos sin filtros? Imposible!" es lo primero que piensan muchos. Si nos preguntamos honestamente cuáles son las razones de nuestra actividad en estas plataformas, muchos notarán rasgos narcisistas en sí mismos.

"Más bonito, mejor, más extraordinario" es el lema bajo el que colocamos nuestros perfiles de autopromoción. La foto de nuestra comida da la impresión de sofisticación, la foto de las vacaciones muestra un cierto nivel de seguridad financiera y fotografiar un edificio sin ti en primer plano? En este contexto, sin embargo, todos estos recuerdos nos sirven menos para recordar unas bonitas vacaciones, momentos con amigos o momentos extraordinarios.

Más bien, está profundamente arraigado en el fondo de nuestras mentes decirle al mundo entero lo guays, populares y exóticos que somos. Pero, ¿tenemos elección? Sólo los que sacan sus partes narcisistas y se toman en serio su automarketing tienen posibilidades de destacar a largo plazo en la espesura de las redes sociales. La presión por destacar entre los competidores aparentes es grande y nos hace ser creativos.

LA CITA - RECONOCER EL NARCISISMO

El deseo de seguridad, confianza y familia hace que muchas solteras se vuelvan sentimentales y desarrollen el anhelo de compartir todo esto con un hombre. La profesión, la edad, los estudios, las circunstancias del lugar de residencia o incluso el aumento de las exigencias y otras obligaciones nos dificultan encontrar una pareja adecuada.

Por eso, el primer paso de la vida de soltero suelen ser las citas por Internet. Hace unos años todavía era un tema tabú, pero hoy en día se ha convertido en algo completamente normal, incluso se da por sentado. Tenemos a nuestra disposición innumerables aplicaciones de citas y portales de Internet, algunos gratuitos, pero la mayoría de pago.

¡Se recomienda precaución! A los narcisistas les encanta retozar en la Red, porque aquí tienen la oportunidad de desarrollar todo su potencial. En ningún otro sitio es tan fácil encontrar una pareja para ligar.

Pero, ¿cómo reconocer a un narcisista? Son difíciles de descubrir, saben adaptarse a todas las mujeres, a todas las situaciones y a todas las necesidades. Cuando algo es demasiado bueno para ser verdad, deben sonar tus "campanas de alarma". "Bombardeo amoroso" es la palabra clave aquí. Especialmente al principio de una relación, este término se refiere a un estado en el que te llueven cumplidos, promesas, atención y afecto.

Los narcisistas son expertos en manipular emocionalmente a sus víctimas. Cuanto más hambrienta emocionalmente estés, más receptiva serás a sus avances.

El ansia por encontrar a la pareja perfecta, análoga a la de tus novelas románticas, es grande. Para destacar entre dicha competencia en la Red y resaltar nuestra individualidad, a menudo tendemos a revelar demasiada información personal sobre nosotros mismos.

Por ejemplo, la información sobre tu edad en combinación con tu estado civil dice mucho de ti. Por ejemplo, es muy probable que una mujer de 38 años y sin hijos tenga un profundo deseo de formar por fin una familia. La foto de tu perro transmite que te gustan mucho los animales.

Los narcisistas suelen ser muy inteligentes, atractivos y se preocupan por su aspecto. Saben cómo relacionarse contigo de forma compasiva y enfática. Y -¡investigan! Utilizan la información anterior, quizá también puedan encontrarte en otros portales como Facebook. Te preguntan sutilmente sobre tus preferencias, miedos y esperanzas. El objetivo es crear rápidamente un vínculo profundo. De este modo, el narcisista se convierte exactamente en el hombre que siempre has estado buscando.

Si has encontrado a un hombre que te atrae en las

redes sociales o en las plataformas de citas, una cita personal no tardará en llegar. Muchos hombres son encantadores y corteses, pero no todos son inmediatamente narcisistas.

Sin embargo, un narcisista siempre traspasará tus límites personales. Rápidamente intentará acercarse a ti sexualmente, de nuevo de forma sutil e inadvertida. Puede tratarse de una copa de vino de más, que le impide volver a casa tarde por la noche. Qué cómodo sería entonces que pasara la noche en tu casa, después de todo, no quieres ningún inconveniente al principio de su romance porque tenga que recoger laboriosamente su coche al día siguiente. Entonces te cogerá completamente por sorpresa o seguirá y seguirá con el pretexto de que sólo quiere abrazarte un poco. Pero no hace todo esto sin protestar una y otra vez que en realidad iría en contra de sus principios o que es la primera vez que haría "algo así".

Este enfoque de la intimidad **apresurada** tiene un método y también se llama **"intimidad apresurada"**.

Rápidamente te llamará su novia y te bombardeará con ideas exageradas sobre el futuro. Las palabras "te quiero" tampoco se harán esperar. Halagada y aliviada al creer que por fin has encontrado al hombre para toda la vida que quiere estar contigo firmemente, que tiene los mismos intereses que tú y te da toda la seguridad que siempre has deseado, estás atrapada. Antes de lo que crees, dependes de él.

¡Pero! Puedes ponerle a prueba. Por ejemplo, si te pregunta por tu película o canción favorita, inventa algo. Puede que te responda con entusiasmo que también es su película favorita. Básicamente, haz caso a tu instinto. Si algo te parece gracioso, es muy probable que realmente lo sea. Y si algo parece demasiado bueno para ser verdad, probablemente no lo sea.

Pero hay otras "señales de alarma" y a menudo proceden de su entorno. ¿Sociedades que se han deshecho? Eso nos puede pasar y nos ha pasado a todos. No obstante, si te habla de sus muchas relaciones que se han ido al garete y rechaza cualquier culpa, debes tener cuidado.

Puede que ya hayas salido con él unas cuantas veces y poco a poco empiece a criticarte, así como tus preferencias y características personales. A menudo empieza por tu aspecto: demasiado maquillaje por aquí, demasiado poco por allá. También puede insultarte en público. ¡Ponle límites! Hazle saber que se ha pasado de la raya y que tiene que comportarse de otra manera en el futuro. Un narcisista no podrá soportar esto, se enfadará o te ignorará durante días.

Hace falta mucha experiencia para reconocer a un hombre narcisista. La mayoría de las veces no lo conseguirás a primera vista, pero quizá con un poco de práctica a segunda vista.

En resumen, he aquí algunas características que pueden indicar que estás sentado frente a un narcisista durante una cita:

• Los narcisistas suelen ser muy inteligentes, por lo que a menudo los encontramos en puestos de liderazgo.

• Como se ha dicho al principio, los narcisistas suelen tener relaciones interpersonales difíciles, por lo que suelen tener pocos amigos "de verdad".

• Hará todo lo posible por ser un hombre de ensueño para ti. Lo hará compartiendo todos tus intereses, sentimientos y percepciones. En resumen, te dirá todo lo que quieras oír ("bombardeo amoroso").

• La primera cita parece artificial, escenificada. Todo es "un poco demasiado".

• Será más encantador que la media contigo, para él es importante que te sientas muy especial.

• Siempre tendrás la impresión de que sus afirmaciones no se corresponden con la verdad, más bien será la insinuación de un sentimiento al que quizá no prestes suficiente atención.

• Demostrar las mentiras de un narcisista es difícil, así que haz caso a tu instinto.

• Los narcisistas son muy ambivalentes, dicen una cosa y luego hacen otra completamente distinta.

• Él nunca tiene la culpa, para eso te tiene a ti.

PSICOTERROR - EL AMOR QUE DESTRUYE TU VIDA

"S. está sentado con P. en su restaurante favorito. Le mira profundamente a los ojos mientras habla de lo feliz que es de haber encontrado a S.. Nunca había sentido por nadie una amistad tan profunda como la que siente por ella. Hasta ahora, todas las mujeres le habían abandonado, se había sentido profundamente herido y no había podido mirar a una mujer durante mucho tiempo hasta que... sí, hasta que la conoció. Ahora por fin siente que puede curarse de nuevo. Pero por ahora sólo podía ser una amistad, porque aún no estaba preparado para una relación. Afectado, mira a un lado y le dice que está triste por haberla conocido tan tarde. Habla entrecortadamente de su última relación, en la que invirtió todo lo que pudo. Incluso la llevó a un centro de asesoramiento, pero fue inútil, ella estaba cada vez más deprimida, él le

importaba cada vez menos, aunque él se había sacrificado. Ella tampoco habría vuelto a tener relaciones sexuales con él, le había dejado solo con sus necesidades y habría tenido que contentarse consigo mismo".

Un caso típico de **"bombardeo amoroso"**, una de las muchas técnicas de manipulación que utilizan los narcisistas para atraerte a la dependencia y mantenerte en ella. Como ya se ha descrito, esta técnica suele utilizarse al principio de una relación para atraerte a la dependencia. Cuando lo lees por segunda o tercera vez, te das cuenta de lo que P. está diciendo en realidad. Al principio, la persona interesada, en su frenesí hormonal, quedará encantada por su franqueza, su vulnerabilidad y, finalmente, también por darse cuenta de que ella es algo muy especial. Pero lo que P. está diciendo realmente ahí es que su ex-compañera de vida está deprimida y que "sólo" quiere una amistad.

A los narcisistas les mueve el insaciable deseo de ser admirados y respetados. Por eso, no es raro que una mujer no les baste y tengan aventuras. Pero el narcisista ha dado la razón desde el principio: Sólo quiere una amistad. Entonces, ¿qué puedes hacer para contrarrestarlo?

Parte del bombardeo amoroso consiste en **"fingir el futuro"**. Esto es comparable a la vida media de las promesas electorales. Un narcisista reconoce muy rápidamente las necesidades insatisfechas de su contraparte y hace promesas, forja planes realistas y también irrealistas para el futuro. Esta táctica sirve para mantener las relaciones interpersonales, libremente según el lema: "Mantenlos contentos".

Otro método es **la "luz de gas"**. Se trata de una técnica en la que tu pareja te convence de falsedades con gran naturalidad, para que no puedas cuestionarlas en absoluto. Es más, el narcisista cambiará activamente las circunstancias y te hará creer que todo sigue como antes. Puede ser, por ejemplo, la llave que siempre tienes encima de la mesa. El narcisista la pondrá sobre la cómoda y te dirá con expresión incrédula que, después de todo, la llave siempre está ahí. Te sentirás cada vez más insegura, casi loca y naturalmente dependiente de él.

Sin embargo, antes de tener éxito con este método, el narcisista debe estar absolutamente seguro de que confías ciegamente en él.

El "tratamiento silencioso" lo utilizan especialmente las personalidades narcisistas. Mediante esta técnica, se hace que el adicto se someta a los deseos del narcisista. En el proceso, se le hace sentir inseguro con el silencio. Esto se hace para que te des cuenta de que has reaccionado mal. Por ejemplo, no estás de acuerdo con él. Como resultado, empieza a callarse. Esto te inquieta, pero el narcisista se mantiene firme, al fin y al cabo, se supone que te da tiempo a reflexionar sobre tu mal comportamiento. Cuanto más indagues porque la situación es casi insoportable para ti, más durará este estado.

Habéis pasado juntos citas mágicas, vivido noches apasionadas con él y, de repente, ¿no hay nada? Ni una llamada, ni un mensaje de texto, ni una explicación. Simplemente se ha ido y no se pone en contacto. Cada minuto miras tu móvil, pero no llega ninguna explicación. Si has experimentado algo así, se llama **"ghosting"**. Este patrón de comportamiento es muy común en la era actual de las aplicaciones de citas. La gran selección de personas "citables" es enorme, así que ¿quién quiere comprometerse con una persona de inmediato? La creciente incapacidad para comprometerse y la creciente timidez ante los conflictos también mueven a la gente a este comportamiento.

Pero no se tiene en cuenta cómo afecta esto a los afectados. El ghosting puede dejar un fuerte sentimiento de inseguridad. Las personas con ese estilo de personalidad, a las que se atribuye miedo al abandono, pueden experimentar una crisis como consecuencia de ello. El desarrollo posterior del ghosting o la forma relacionada con él es el **"benching"**. En este caso, el narcisista simplemente no se pone en contacto contigo en absoluto, sino que te promueve al "banco de sustitutos". A menudo no se pone en contacto contigo durante unos días y luego reaparece de repente en tu vida. De este modo, juega con el miedo del adicto a la pérdida y le ata cada vez más a sí mismo.

La "triangulación" se utiliza a menudo para crear celos. Su objetivo es desestabilizar y menospreciar a la pareja. Un buen ejemplo de este comportamiento es el mensaje de texto o correo electrónico "mal dirigido" a otra mujer o incluso a la ex mujer confirmando que cenaron juntos. Cuando se le pregunte al respecto, afirmará de forma muy creíble lo arrepentido que está. Un comportamiento así no deja de tener su efecto. La persona dependiente se vuelve insegura, se siente rechazada y redoblará sus esfuerzos por conseguir al narcisista debido a sus celos.

Otro método muy extendido, del que sufren mucho los afectados, se llama **"echar la culpa a otros"**. Con este método nunca acertarás. Un narcisista puede transformarse hábilmente de agresor en víctima. Elude la responsabilidad de su mal comportamiento echándote a ti la culpa. ¿Hace trampas? Pero sólo porque tú le presionas con tu deseo de tener hijos. ¿Descubres que coquetea con otras mujeres a través del móvil? La culpa es tuya si "fisgoneas" en su móvil.

Este método desespera a los enfermos. No tienen ninguna posibilidad de luchar. Se les enseña sistemáticamente: "Te equivocas, tu pareja narcisista está bien". Hasta que tú mismo te lo crees. Esta táctica transita casi sin solución de continuidad hacia la **"culpabilización de la víctima"**. Aquí la relación agresor-víctima se lleva a otro nivel. Esto también puede observarse maravillosamente en nuestro ejemplo. En él, P. describe exclusivamente cómo se sentía, cómo se había "sacrificado". Con qué lo hizo permanece oculto para nosotros. La pregunta de por qué la ex mujer se había deprimido tanto también queda sin respuesta aquí. En lugar de ello, la estigmatiza enérgicamente como autora del delito.

Si llevas mucho tiempo en una relación de este tipo, puede que te haya ocurrido que hayas sentido la necesidad de llevar un registro de las conversaciones con tu pareja o de tener la grabadora en marcha. Cada vez te preguntas más si te pasa algo y si deberías cuestionarte seriamente tu salud mental. Puedo decirte: ¡no estás "loca"! Éste es el método de **"enloquecer"**. El compañero narcisista primero dice una cosa y después otra completamente distinta, pero insiste en que nunca dijo nada más. Aunque sabes muy bien que no es cierto, te persuadirá con vehemencia y persuasión de lo contrario hasta que le creas más que a ti misma.

Ocurre lo mismo con los recuerdos compartidos. Un narcisista al que le guste recurrir a este método reproducirá gustosamente tus recuerdos de una forma completamente distinta a como tú los viviste. No se trata de pequeñas cosas, como el color del banco del parque o si el tiempo estaba despejado o nublado, sino de recuerdos básicos, como la bonita experiencia en la fuente del parque o en la heladería del centro de la ciudad. Esta tergiversación de los recuerdos es una táctica especialmente tóxica para desestabilizarte y mantenerte unida a él. Al narcisista también le gusta aumentar su influencia negativa teniendo muy mala memoria y ni siquiera recordando momentos hermosos que son importantes para ti, como el corazón que te talló en un árbol en aquel entonces. En este caso, no sólo te sentirás insegura, sino también profundamente herida.

Si alguna vez has tenido una relación con un narcisista, es posible que hayas reconocido uno o varios de los métodos. Darte cuenta de que gozas de una salud mental perfectamente normal te ayudará a liberarte de esos vínculos. A menudo, las tácticas fluyen perfectamente entre sí y son difíciles de distinguir.

Al final, el objetivo es siempre el mismo: Mediante acusaciones, comentarios hirientes, deshonestidad, evasivas, culpas, olvidos, reproches, quiere herirte y humillarte. Por último, no necesita prestar atención a tus sentimientos porque te va a dejar sola, traumatizada y triste. Espera a que, presa del pánico por quedarte sola, vuelvas a él y le pidas perdón.

Hay muchas razones diferentes por las que las mujeres acaban en relaciones narcisistas. Puede ser una crisis de su vida personal, su falta de confianza en sí mismas o incluso relaciones largas en las que se aburrían por costumbre. Un hombre encantador e inteligente que te colma de cumplidos puede ser muy tentador.

UNA RELACIÓN AMOROSA CON UN NARCISISTA - ¿ES POSIBLE?

Cuando conocemos a un narcisista, cuando sucumbimos a su encanto y nos creemos sus muchos cumplidos, nuestro primer impulso sería ¡SI! Pero ahora conocemos algunos de los métodos del narcisista y sabemos que le encanta engañarte. Ahora sabemos que le cuesta mucho tener en cuenta tus sentimientos, y la conclusión es: ¡un narcisista no es capaz de formar un vínculo interpersonal afectuoso y cariñoso para construir una relación sana! Una relación así se caracteriza por la dependencia emocional de la pareja. Una relación afectuosa sólo es posible cuando ambos miembros de la pareja se encuentran a la altura de los ojos y con respeto mutuo. Sin embargo, si no tienes esta actitud, puedes tener una relación con un narcisista.

Si te relacionas con un hombre así, tarde o temprano te enfrentarás a sus aventuras. Debes ser consciente de que su hambre constante de admiración le lleva a ello. Es difícil imaginar que sólo tú puedas darle toda la aprobación que necesita. La falta de empatía no le hace sentirse culpable. También tendrás que vivir con el hecho de que siempre intentará darte celos. Se necesita destreza para afrontar estas situaciones. No le des más vueltas, pero tampoco te burles y enfréntate a él con cierta seriedad. Porque un mal comportamiento por tu parte puede tener como resultado montarle una "escena".

Si quieres absolutamente que un hombre así se quede contigo y estás decidida a tener una relación con él, simplemente tienes que demostrarle con regularidad que tienes mucho miedo de perderle. Cuanto más humilde y sumisa seas y él pueda hacer contigo lo que quiera, más te necesitará. Probablemente tendrás que acostumbrarte a sus aventuras, pero no pueden llegar a ser peligrosas para ti.

No debes tratar de restringir demasiado a una persona así. Déjale en paz si está ocupado con el móvil y no le prestes atención si recibe llamadas extrañas. Puede que también se quede fuera una o dos noches por motivos endebles. En lugar de eso, ocúpate de la casa y "cúbrele las espaldas".

A menudo ocurrirá que llega a casa de mal humor porque algo no ha ido como esperaba en el trabajo. Ten paciencia. Dile lo bueno que es en su trabajo y que, de todos modos, nadie puede hacerle sombra. Eso será un bálsamo para su alma.

Acostúmbrate a que nunca verá todo lo que haces por él. Pero notará que le dejas hacer lo que quiere, que no le limitas y, sobre todo, que no le "puteas". No le abrumes con tus propios deseos, pero muéstrale admiración y aprecio. Mientras crea que te alegras de estar a su lado, no se irá de tu lado.

Al final, si aguantas su comportamiento y le aceptas tal como es, si comprendes que sencillamente no puede evitarlo, ¡sufrirás lo menos posible por vuestra relación! ¿Pero eso te hace feliz?

¿QUÉ PUEDES HACER ANTE EL NARCISISMO DE TU PAREJA?

Es muy difícil convencer a un narcisista de que su comportamiento no es bueno para ti. Sencillamente, no lo entenderá ni lo verá. Un comportamiento sano y reflexivo requeriría cierta capacidad de empatía. Además, un hombre así no admitirá sus defectos, porque eso significaría que saldría a la luz su verdadero yo. Tendría que mostrarte lo vulnerable que es, qué miedos tiene y qué defectos posee. Pero eso es imposible para un narcisista, para él lo más importante es mantener las apariencias. Convencerle de ello es una lucha casi desesperada.

Llegados a este punto, hay que mencionar de nuevo que un narcisista definitivamente sufre consigo mismo. La presión constante para mantener la imagen externa perfecta supone mucho estrés. Está constantemente impulsado por el miedo a quedar "expuesto". La sed constante de reconocimiento es como una batería defectuosa. No puede almacenar la tan necesaria admiración. Así pues, un hombre así se ve impulsado por la búsqueda constante de la misma. A menudo estas personas caen en la depresión por cosas más o menos insignificantes. Tal vez exista un profundo deseo de ayuda, pero el paso suele ser demasiado grande. Entre todos los trastornos de la personalidad diagnosticados, el narcisista es el que más a menudo se ve impulsado por pensamientos suicidas, que pueden acabar fácilmente en un suicidio real.

La Separación - Mi mundo se tambalea

¿POR QUÉ LA RUPTURA CON UN NARCISISTA ES PEOR QUE CUALQUIER OTRA ANTERIOR?

Una separación, y especialmente la separación de un hombre narcisista, puede ser muy difícil y requiere una buena preparación. Espera que te culpe, porque un narcisista siempre debe tener razón. Aparte de eso, ¿por qué exactamente esta relación acaba peor que cualquier otra? ¿Qué hay detrás de esta dinámica? Una ruptura nunca es bonita en la mayoría de los casos. Encontrar un buen cierre es una necesidad natural en una relación amorosa adulta. En el mejor de los casos, ambos miembros de la pareja mantendrán algunas conversaciones y verán el asunto tal como es: la relación tuvo altibajos y ambos tuvieron su parte de culpa en el fracaso.

En una relación narcisista, sin embargo, la pareja es inocente. Es más, el motivo de la ruptura recae exclusivamente en la pareja. Además, su ego está herido, porque no tiene defectos, al menos oficialmente.

Sin embargo, es diferente que él se separe de ti o tú de él. Si se separa de ti, el rechazo será duro para ti. No cabe esperar que mantenga una conversación adulta contigo y tenga en cuenta tus sentimientos. La separación será dura, corta e indolora para el narcisista.

Al menos te mostrará su indolencia, porque tampoco pasará sin dejar rastro. Simplemente no le importa cómo te sientas. Pero, ¿por qué pone fin a la relación cuando en realidad está sufriendo por ello? Es de suponer que simplemente te habrás acercado demasiado a él. Los narcisistas no son capaces de mantener relaciones verdaderamente comprometidas. Se sienten rápidamente constreñidos y controlados por ti. Otra razón puede ser que seas demasiado complicada para él. Quiere someterte rápidamente y hacerte obediente.

Si sólo lo consigue con dificultad, pronto se distanciará de ti.

Para ti, como co-narcisista dependiente, se derrumbará un mundo. De un día para otro te enfrentas a tus mayores miedos. Estás solo y te sientes confirmado en el pensamiento de que nadie te quiere. Aunque al principio este doloroso estado te parezca el fin del mundo, es lo mejor que te puede ocurrir en una relación así. Te dejará en paz. Probablemente ya habrá encontrado una nueva mujer que le resulte más fácil de controlar y que halague mejor su ego.

Este estado de dolor es peor que cualquier otro anterior, porque simplemente te sientes confirmada en todo lo malo que piensas de ti misma. Tómate tu tiempo, llora y siente el dolor, pero luego también déjalo ir. Date cuenta de que simplemente te acercaste demasiado a esta persona. En última instancia, tenía miedo de que le descubrieras y simplemente reflejó su propio problema en ti. Habla con tus amigos sobre tus sentimientos, pide opiniones a tus seres queridos sobre si tenía razón en sus acusaciones y date cuenta de esto: si recibes opiniones sinceras de la gente en la que confías, es que hay mucha gente que te quiere. No tengas miedo de llamar a la línea de la preocupación (sí, todavía existe) y/o de ponerte en contacto con un terapeuta. Tu seguro médico puede ayudarte a conseguir una lista. Este dolor también pasará. Date cuenta de que al final saldrás fortalecida de esta relación.

Pero, ¿y si tú misma decides poner fin a esta relación? Llegados a este punto, lo primero que puedo hacer es felicitarte por tu fuerza de voluntad. Muy pocas mujeres consiguen salir solas de una situación así. A menudo estas relaciones duran muchos años. Las mujeres sufren en silencio, se culpan exclusivamente a sí mismas y se sienten confirmadas en su falta de autoestima. Si finalmente has decidido dar este paso, debes tener en cuenta algunas cosas.

No necesitas mantener conversaciones empáticas con un narcisista, pues no admitirá sus errores. Más bien, te devolverá la pelota. Dile sucintamente que ya no quieres la relación, evita dar razones y, por tanto, discusiones dolorosas en las que él te haga reproches. Prepárate para que te insulte, porque cuanto mejor te conozca, mejor podrá golpearte donde más te duele. Y ten por seguro que te golpeará con todo lo que tiene. Piensa dónde quieres que tenga lugar la conversación. Yo desaconsejaría hacerlo en su piso. Un café puede ayudar a "mantenerle a raya" y crear la distancia necesaria.

En los casos más raros, dejará que esta

"humillación" se quede en sus manos. Aquí es donde entra en juego el término **"adormecer"**. Se refiere a un método que utilizará para "adormecerte" una y otra vez. El término procede de la marca inglesa hoover Hoover y significa, en sentido figurado, que la ex pareja debe ser "aspirada" de nuevo. Hay distintas formas de hacerlo:

• Está constantemente escribiendo mensajes y/o publicando en todas las redes sociales.

• Podría haber visitas sorpresa por su parte.

• Siempre recordarás los momentos bonitos o las experiencias compartidas.

• De repente se dará cuenta de todas sus fechorías y jurará enmendarse.

• Se comporta como si nunca hubiera pasado nada. Esto puede llegar tan lejos que entre y salga de tu casa con normalidad e incluso puede seguir durmiendo a tu lado.

• Siempre encuentra ocasiones para ponerse en contacto contigo.

• Exige que le devuelvan sus regalos.

• No te entregará tus pertenencias privadas que aún estén en su poder.

• Habla de querer cambiar activamente, por ejemplo en

forma de terapia.

• Apela a tu sentido común, ya que al fin y al cabo ambos están sufriendo la situación.

• Los amigos comunes se unen para defenderle.

• Ya no puede vivir sin ti o incluso te culpa de enfermedades graves y así intenta despertar tu compasión. Esto puede llegar incluso a la amenaza de suicidio.

Si no respondes a estos métodos, puede descargar su frustración mediante insultos, ataques de ira o incluso escenas completas de celos. En el peor de los casos, no se excluye el paso al acoso.

Date cuenta de que estos comportamientos surgen de su rabia por ofender. Para él, el objetivo no es recuperarte, porque realmente no puede y no quiere vivir más sin ti, sino más bien el impulso de doblegarte a su voluntad y mantener el control. Más aún: quiere impedirte activamente que construyas una vida feliz y autodeterminada. Simplemente quiere hacerte daño. El problema es que, a menudo, su víctima no se da cuenta de esta estrategia o la malinterpreta. En cuanto te dejas "adormecer" por sus insinuaciones, seguridades y promesas románticas, eso halaga su ego. Está a punto de volver a controlarte. En cuanto lo consiga, limitará rápidamente su parte de culpa: "Sólo lo hice porque tú..." o "Quizá me equivoqué, pero...". Nunca asumirá la culpa de un error evidente con todas las consecuencias, sin peros.

Lo único que puede ayudar en este caso es la ruptura total del contacto. Y esto es exactamente lo que hace que la separación sea tan difícil para un co-narcisista dependiente. Para ti, como persona empática, es difícil observar y soportar que él sufra. Las provocaciones también son difíciles de soportar porque no son ni justas ni correctas y sientes la necesidad de defenderte de ellas. Consuélate con el hecho de que en el fondo él también sabe que sus acusaciones son tonterías. Si sigues insistiendo en ellas, tarde o temprano cederás o vivirás una "historia interminable". Tus sentimientos son normales, al fin y al cabo, toda ruptura lleva su tiempo y la de un narcisista especialmente mucho. Date cuenta de que tu anhelo es más bien un síndrome de abstinencia. Y éstos pasarán con el tiempo.

¡NO ES CULPA TUYA !

Lo más importante primero: no te culpes, ¡porque tú no tienes la culpa! Los narcisistas son muy hábiles y trabajan de un modo extremadamente calculador y selectivo. ¡Nos puede pasar a cualquiera de nosotros! A través de los métodos de un narcisista descritos anteriormente, debería haberte quedado claro que esas personas trabajan de forma muy manipuladora. Basta una pequeña crisis vital, y al narcisista le resulta fácil encontrar un terreno fértil contigo. Te conduce sistemáticamente a la dependencia y utiliza tus miedos en tu contra.

Sin embargo, si has conseguido liberarte de una relación así, deberías preguntarte qué ocurrió realmente. ¿Por qué otra persona consiguió controlar tu vida hasta tal punto? ¿Cómo fue posible que ignoraras o dejaras en blanco todas las señales de advertencia? Es importante ocuparse intensamente de estas cuestiones para no convertirse en una "víctima repetida".

Me gustaría presentarte a continuación algunas de las razones por las que podrías haber caído en una relación así:

¡Fuerza! Los hombres narcisistas son seguros de sí mismos, encantadores, parecen fuertes y muy bien arreglados. Los hombres con esa "posición" tienen más probabilidades de atraer a las mujeres, porque conocen su efecto. Para ellos, no es una gran superación. Para el resto del mundo masculino, por desgracia, sí lo es, así que no son insignificantes las posibilidades de que si un hombre se te acerca, puede que no sea directamente un narcisista, pero sí habla de su fuerte confianza en sí mismo. Por supuesto, las mujeres nos sentimos halagadas cuando un hombre encantador y fuerte se fija en nosotras. No obstante, mantén la cabeza fría.

¡Espontaneidad! ¿Te invita a tu restaurante favorito y acabáis en el suyo? ¿O te invita a tomar un café y acabáis juntos en un sex shop? Sí, has leído bien. Probablemente sea un ejemplo bastante extremo, pero en realidad ya me ha ocurrido a mí, si se me permite mencionar también una experiencia personal en este punto por una vez. Lo que difícilmente puede superarse en audacia es para un narcisista una expresión de relajación y espontaneidad. Si te enfrentas a él, probablemente oirás que hay algo que no va bien contigo. Rápidamente tendrás un primer remordimiento de conciencia, después de todo, quieres ser espontáneo y desenfadado.

Pero, en realidad, siempre te llevará de la nariz, sin tener en cuenta tus deseos personales y persiguiendo sólo sus intereses. Porque, ciertamente, no es espontáneo. Los espontáneos pueden cometer errores. De hecho, sus restaurantes y el sex shop siempre han sido sus objetivos. ¡Ten confianza en ti misma! Todo está bien contigo y lo casual o espontánea que seas sigue dependiendo, en última instancia, de ti. Si te gusta la comida china, insiste en ella y no te dejes llevar al italiano sin comentarios y bajo falsas promesas.

¡Cumplidos! Seamos sinceros: a todo el mundo le gusta oírlos. Pero tampoco hay que exagerar. Es comprensible que quieras que te reconozcan y te quieran. Pero date cuenta de que si no te quieres a ti mismo, nadie más podrá hacerlo por ti.

¡Montaña rusa! La relación con un narcisista te vuelve adicta. La mezcla de distintos métodos para darte celos o mantenerte a veces cerca, a veces lejos, son altamente emocionales. Todo sucede tan deprisa que apenas puedes mantenerte a ti misma y a tus pensamientos en orden.

Todos tus pensamientos giran en torno a la pregunta: "¿Todavía me quiere?". Como estás totalmente ocupada en estar preparada para él si vuelve a ponerse en contacto o en cuidar de él, las amistades pasan a un segundo plano. Las aficiones que antes eran tan importantes para ti, de repente ya no lo son. Por supuesto, este comportamiento también puede observarse al principio de una relación sana y es bastante normal. Sin embargo, la diferencia en este contexto es que no te sientes segura y aceptada en una relación con un narcisista, sino más bien estresada y apresurada. Los amigos y las aficiones son importantes para ti. Especialmente cuando una relación difícil se tambalea, son tus amigos los que te levantan y tus aficiones las que te hacen bien y te dan una autoestima positiva. Nunca descuides esto.

En última instancia, es muy difícil (como ya se ha dicho) saber si estás saliendo con un hombre narcisista. Por supuesto, no todos los hombres que se te acercan son narcisistas. Puede que le haya costado mucho esfuerzo acercarse a ti porque realmente le gustas. Pero mantente alerta. En el acelerado mundo actual, tenemos la tentación de precipitarnos en las relaciones a la ligera.

Cuanto más envejecemos, mayor es la necesidad de llegar por fin al Uno. Rápidamente tenemos la impresión de que todos los que nos rodean ya han llegado y entonces te preguntas qué te pasa a ti personalmente. Por supuesto, puede ser que tu nivel de exigencia sea demasiado alto. Seguro que todas las personas han oído esta afirmación de alguna novia que han perdido. Pero, ¿es verdad? Los estándares cambian, a veces disminuyen, a veces aumentan, y cuando tienes delante a la persona adecuada, de todas formas no importan.

Una autoestima sana es veneno para todo narcisista

¿QUE ME PASA A MI Y A LOS DE-MAS?

Ser consciente de uno mismo, tener confianza en las propias capacidades y, basándose en ello, ser optimista sobre el propio futuro, describe un grado saludable de confianza en uno mismo. Este "estar convencido" de ti mismo y la confianza en tu propia persona se expresan, en última instancia, también en tu aspecto y son una clave del éxito, tanto profesional como privado.

Para desarrollar una autoestima sana, es necesario un cierto grado de estima profesional, social y personal. Cada persona obtiene más valor de algunas áreas y menos de otras. Los hombres difieren significativamente de las mujeres a este respecto. Mientras que, estadísticamente hablando, el reconocimiento social, la buena apariencia y la independencia mediante ingresos propios son lo más importante para las mujeres, las finanzas y el éxito en el trabajo son las principales prioridades para los hombres.

En la infancia se sientan las bases de un desarrollo sano. Sin embargo, muchas personas ya tienen ciertos complejos de inferioridad en estos primeros años de vida. Los déficits educativos pueden transmitirse en un sentido o en otro. Los padres que conceden una importancia superior a la media a las calificaciones escolares de sus hijos pueden transmitirles rápidamente la sensación de que nunca rinden lo suficiente y de que no son lo bastante buenos, ni para sí mismos ni para los demás. Lo más probable es que estas personas tengan problemas para desarrollar un nivel saludable de confianza en sus propias capacidades en la edad adulta. Por otra parte, a muchos niños de hoy en día sus padres les enseñan a no aguantar nada porque siempre tienen razón.

A una edad temprana, los niños empiezan a discutir con los profesores en la escuela. Acabar en el banquillo de los suplentes en el club porque a menudo no iban a entrenar o no rendían como debían está fuera del alcance de sus tutores. Los hijos de estos padres siempre tienen razón. Tendrán problemas como muy tarde en la edad adulta si, como consecuencia de la educación de sus padres, no pueden, por ejemplo, mostrar comprensión por las críticas de su supervisor.

Así pues, una autoestima "malsana" puede desbocarse en ambas direcciones. No siempre es fácil distinguir entre una autoestima "real" y una "falsa". En general, sin embargo, puede decirse que las personas con una autoestima malsana tienden a ser más llamativas, mientras que las personas con una autoestima auténtica o sana son más discretas y modestas. Para poder distinguir esto en la vida real, necesitas algo de práctica y conocimientos psicológicos previos. Sin embargo, además de fomentar tu propia autoestima, es importante que consideres si el comportamiento de quienes te rodean es "genuino" y si esas personas merecen tu confianza.

Por eso, me gustaría presentarte algunos comportamientos que una persona con una sana confianza en sí misma sencillamente no hace. Porque detrás de esos comportamientos suelen estar los propios narcisistas que ya te han complicado la vida muchas veces, no sólo en el ámbito privado, sino también en el profesional.

La atención es lo más importante para estas personas. Buscan constantemente el elogio y el reconocimiento tanto en su vida privada como en la profesional.

La envidia y el resentimiento son los sentimientos predominantes. Si te ocurre algo bueno, estas personas pueden sentirse rápidamente amenazadas por ti. Es difícil saber si alguien se alegra sinceramente por ti o no. Según el peligro potencial que supongas, el rencor encubierto también puede transformarse en rencor manifiesto. Los enfrentamientos o las calumnias pueden entonces complicarte la vida.

Estoy en lo cierto. Seguro que alguna vez has asistido a cursos de formación o a fiestas y has pensado: "Siempre hay alguien que lo sabe todo mejor". Son las personas a las que les gusta discutir las cosas hasta que hasta la última persona ha entendido su punto de vista y está convencida de su opinión.

Yo, yo, yo. Una conversación sólo puede funcionar si existe un diálogo entre al menos dos personas. Sin embargo, las personas con una falsa autoestima prefieren oírse hablar a sí mismas: de sus problemas, de sus éxitos y del mal comportamiento de los demás.

No escuchan a los demás, ni les interesa saber si ellos también pueden tener problemas.

Más tarde. Las personas que son muy creativas a la hora de posponer cualquier decisión y que simplemente no quieren comprometerse, también muestran una confianza en sí mismas bastante escasa.

La admiración por los logros de los demás se comenta a menudo con un "yo nunca podría hacer eso".

Centrarse en las propias debilidades. No, esto no es modestia, sino que atestigua el hecho de que esta persona debe trabajar sobre sí misma. Llevan una imagen negativa de sí mismos por el mundo y tienen la sensación de que sólo constan de defectos. Esto no pasa desapercibido para los demás. Como consecuencia, el mundo exterior también tiene poca confianza en los afectados. ¿Éxito profesional? ¡Ninguna posibilidad! Estas personas muestran poca iniciativa e incluso después de años se sientan en el mismo rincón haciendo el mismo trabajo.

¿**Cumplidos**? No lo soportan en absoluto. En lugar de alegrarse y dar las gracias, estas personas suelen rechazar los cumplidos o se sienten directamente en la tesitura de tener que hacer contraargumentos. Pero no sólo tienen problemas para aceptar los cumplidos, sino que automáticamente cuestionan su sinceridad. A menudo, estas personas se sienten entonces "burladas".

¿Confrontaciones? Una palabra extraña para las personas con falta de confianza en sí mismas. No saben juzgar cuándo una discusión es apropiada y cuándo tienen razón. Además, tienen una fuerte necesidad de armonía y asumen directamente que su oponente en la discusión es superior y tiene razón de todos modos.

Por último, no sólo es importante pensar en cómo interpretar el comportamiento de los demás, sino también en qué necesitas trabajar. Las personas con una falsa autoestima o narcisistas resultantes tienen un olfato especialmente bueno para las personas con las que pueden tratar a su antojo. Es más, las personas con inclinaciones narcisistas incluso buscarán tu cercanía. Así, ocurrirá automáticamente que te encontrarás con ese tipo de personas una y otra vez, aunque no estés buscando activamente pareja o intentando pasar lo más desapercibido posible en el trabajo.

Por tanto: ¡Una autoestima sana es veneno para todo narcisista!

¡SON GENIALES! - REFUERZAN LA CONFIANZA EN UNO MISMO

Si interiorizas esta frase, ¡el paso más importante está dado!

Me gustaría presentarte algunos ejercicios que pueden ayudarte a reforzar tu autoestima.

Ejercicio 1: Ponte delante del espejo, relajado y como haces en la vida cotidiana. A menudo nos encontramos con una postura más bien flácida y contraída. Esto suele deberse a la falta de actividad física.

Intenta echar los hombros hacia atrás y empujar el pecho ligeramente hacia delante. Para muchos es una postura poco familiar. Sin embargo, pruébala en tu lugar de trabajo, por ejemplo. Notarás rápidamente que esta postura te da más confianza en ti mismo.

Ejercicio 2: Probablemente tengas un espejo en el cuarto de baño y también una barra de labios. Pinta un mantra positivo en el espejo, por ejemplo las palabras "Soy bella". Cada vez que entres en tu cuarto de baño, lo leerás y lo recordarás subconscientemente.

Ejercicio 3: Si te encuentras en una situación de ansiedad, puede ayudarte tomarte un tiempo breve y consciente. Cierra los ojos, inspira a la una y espira a las dos. Concéntrate en tu respiración y cuenta hasta treinta de esta forma.

Es importante que intentes salir de tu zona de confort con regularidad y frecuencia y hagas cosas que te resulten difíciles. Por ejemplo, intenta sentarte justo delante en una clase de la universidad o cerca del jefe durante una reunión en el trabajo. Acostúmbrate a este comportamiento y auméntalo. Sonríe a un colega cuando pases a su lado. Seguro que te devuelve la sonrisa.

También puedes crear el éxito por tu cuenta. Considera la posibilidad de unirte a un club o de asumir un cargo honorífico. Hacer algo por los demás te hace sentir bien. Como a menudo no recibimos el reconocimiento que es tan importante para nosotros en el trabajo o en nuestra vida privada, es importante buscarlo en otra parte. Todo el mundo es bueno en algo, incluido tú. Piensa en qué puede ser y ve a por ello. A menudo puedes encontrar listas de clubes deportivos o actividades de voluntariado en la página web de tu ciudad.

Ejercicio 4: Silencia a tu crítico interior. Para ello,

puedes hacerte con una pulsera cuyos lados superior e inferior sean diferentes. Un lado representa la alabanza y el otro la crítica. Cada vez que te sorprendas criticándote, dale la vuelta a la pulsera. Márcate pequeños objetivos al principio, por ejemplo, una hora, luego un día, una semana y así sucesivamente.

Ejercicio 5: Puede que haya llegado el momento de ir de compras, pero no tienes ni idea de lo que te sienta bien. Además de los consejos de tipo profesional, puedes simplemente preguntar a alguien que tenga un gran estilo a tus ojos. No tiene por qué ser necesariamente alguien de tu círculo de amigos. Simplemente habla con tu agradable colega. Seguro que te ayuda. Porque si te sientes a gusto con tu ropa, tú también lo irradiarás.

Ejercicio 6: Levántate del sofá y sal de casa. Sal a pasear, nada o practica algún otro deporte. De nuevo, un club puede ayudar en este sentido. El ejercicio es importante. Sobre todo en los trabajos de oficina, es inevitable para mantener una sensación corporal saludable.

Ejercicio 7: Céntrate en los problemas, porque existe

un gran peligro de perderse en ti. En lugar de eso, busca formas de resolver los problemas.

Ejercicio 8: Márcate pequeños objetivos. Es importante que sean realmente pequeños. Es mejor fijarse varios objetivos pequeños que fracasar en los grandes.

Por ejemplo, un objetivo podría ser hacer deporte mañana, comprarte flores, darte un baño o limpiar un armario. Por la noche, escribe todos tus objetivos para mañana y márcalos. Te vendrá bien recordarte lo mucho que consigues hacer.

En Internet encontrarás muchos ejercicios para aumentar tu autoestima. Y además de todos los ejercicios, ten siempre presente que estás bien y que tus sentimientos y sensaciones no son aberrantes. Cuando empieces a abrirte y quizá a hablar con personas cercanas a ti, descubrirás que tus emociones no están fuera de lo normal y que no tienes nada de lo que avergonzarte. Al contrario, la mayoría de la gente está luchando con los mismos problemas que tú.

SUPERAR LAS CRISIS - PRESER-VAR LA FELICIDAD

Para conseguir una autoconfianza sana, es importante activar tu fuerza interior. Se refiere a nuestra capacidad de resistencia psicológica para afrontar situaciones difíciles de la vida, y todas las personas la tenemos desde que nacemos. Este poder de resistencia, que también se denomina resiliencia, puede verse limitado temporalmente por diversas influencias. Las crisis repentinas o las situaciones extraordinariamente estresantes pueden ser responsables de ello.

En nuestro ejemplo, puede tratarse de una relación narcisista con una persona que te convence de que no tienes razón o de la separación de tu pareja. Para que en el futuro no seas susceptible a este tipo de asociaciones, es importante que mantengas tu equilibrio interior, además de una sana confianza en ti mismo. Especialmente para las personas que caen fácilmente en estructuras de relaciones dependientes o son propensas a episodios depresivos, es esencial tratar este tema.

En este contexto, me gustaría explicar con más detalle el modelo del psicólogo alemán Hilarion Petzold. Según éste, nuestro equilibrio interior consta de cinco pilares. Para averiguar qué es exactamente lo que perturba tu equilibrio interior, puede ayudarte examinar más detenidamente estos pilares:

• Cuerpo y salud (mental y física)

• Relaciones sociales (familia, amigos, vecinos, compañeros)

• Trabajo y rendimiento (reconocimiento, sensación de logro)

• Seguridad material (seguridad económica, nivel de vida)

• Valores e ideales (permitido, prohibido, rituales, moral)

Cada pilar individual puede verse perturbado de formas muy distintas. Por ejemplo, el pilar "cuerpo y salud" puede verse perturbado por tu propia insatisfacción respecto a tu forma física o tu enfermedad.

Las relaciones sociales pueden verse afectadas por una separación, un divorcio o incluso un traslado a otra ciudad. Hay que tener en cuenta que, aunque los pilares individuales deben estar básicamente equilibrados, es bastante normal dar más valor a uno que a otro. Por ejemplo, puede ser muy importante para ti tener éxito en tu trabajo, pero menos importante no poder mantener un determinado nivel de vida. Lo importante es que los otros pilares proporcionen una base estable y apoyo cuando uno empiece a desmoronarse.

Si sientes que algo en ti está desequilibrado, hay tres pasos que pueden ayudarte a recuperar tu equilibrio interior y a encontrar tu fuerza interior. El primer paso es la toma de conciencia. Para ello, tiene sentido que te fijes en los cinco pilares descritos al principio y te preguntes qué situación te sobrecarga actualmente y por qué.

En un segundo paso, la fase de información, tratáis el tema de quién o qué puede ayudaros. Algunos ya habréis buscado ayuda terapéutica, pero un centro de asesoramiento también puede ayudaros a encontrar estrategias adecuadas para afrontar la difícil situación. Tus propias ideas también pueden ser útiles, por ejemplo, informarte sobre nuevas ofertas de trabajo si tu empleo es demasiado estresante, o plantearte unirte a un club si faltan contactos sociales amistosos tras una mudanza. En cualquier caso, es importante que seas honestamente consciente de lo que no te va bien, para que en un tercer paso puedas pasar a la acción. ¿Estás insatisfecho con tu trabajo? Después de la información viene la solicitud. A menudo también es bueno poner a prueba tu "valor de mercado" y conseguir una nueva motivación. ¿El estrés te ha provocado problemas de salud, como hipertensión? Entonces el ejercicio o las técnicas de relajación pueden ayudar.

Atención plena es la palabra clave aquí, hacia todas las áreas de tu vida. Para mantener tu equilibrio y fuerza interiores, es importante que adoptes un enfoque preventivo de tu propia vida por adelantado y que no te actives sólo cuando ya notes que algo no va bien.

Me gustaría darte algunos consejos para ayudarte con esto.

1. Familiarízate con tu **cuerpo.** Escúchate y percibe cómo reaccionas al estrés. ¿Cómo se manifiestan? ¿Físicamente? ¿Psicológicamente? Hay distintos niveles de tensión. Cada nivel tiene también un enfoque para aliviar la tensión. Por ejemplo, una ligera tensión interior tras un día estresante puede aliviarse con aromas como velas perfumadas o aceite.

Las tensiones más fuertes suelen tener un acceso físico. En este caso, puede ser útil hacer ejercicio o simplemente subir y bajar las escaleras varias veces. Puedes averiguar qué acceso tienes para el respectivo grado de tensión haciendo pruebas. Cuanto más te ocupes de tu cuerpo, más rápidamente podrás analizar dónde acaban de surgir los déficits de tu bienestar y podrás rectificarlos con éxito.

2. **Un entorno social** estable es esencial para tu fuerza interior. Como ya se ha descrito, es importante que nunca descuides tu círculo de amigos o tus contactos familiares. Pues en ellos puedes confiar cuando tu caos interior amenace con apoderarse de ti.

3. Sé consciente tanto de tus **puntos fuertes como de** tus puntos débiles y adopta ambos.

4. Programa **momentos para ti** en los que seas el centro de atención. No siempre tiene que ser un largo fin de semana de bienestar. Basta con acurrucarte en tu sillón favorito con un libro o darte un baño. Incluso las pequeñas cosas cuentan y tienen el efecto de que te tomas en serio.

5. Decir que **no** está bien. Aprende a escucharte a ti mismo y a tu instinto y defiende tus necesidades.

6. Una **actitud positiva ante la vida** es lo más importante. Sin embargo, esto parece más fácil de lo que realmente es. No obstante, no intentes ver lo negativo en

todo y/o intenta ver algo positivo en las cosas supuestamente negativas. Al fin y al cabo, es bien sabido que el sol siempre sale después de la lluvia.

7. Presta atención consciente a las **cosas buenas** que te ocurren en la vida, porque a menudo estamos ciegos ante ellas. Aplica lo siguiente: las pequeñas cosas buenas también son buenas. Un pequeño truco puede ayudarte. Mete tres canicas o monedas en el bolsillo. Presta atención conscientemente a los pequeños y grandes éxitos de tu vida. Cada vez que te fijes en algo, cambia una canica o moneda del bolsillo derecho al izquierdo. Si todo está en el izquierdo, vuelve a empezar desde el principio. Te sorprenderá la frecuencia con que puede producirse esta interacción.

8. Además de una actitud positiva, también es esencial una buena **alimentación.** Bebe mucha agua y poco alcohol, y también come alimentos frescos y equilibrados. Porque no en vano se dice que de un cuerpo sano vive una mente sana.

9. **Dormir** es importante para poder empezar un nuevo día con energía fresca. Asegúrate de tener suficiente aire fresco y buena temperatura en tu

dormitorio.

10. A pesar de todos los buenos consejos y de una preparación suficiente, aún puede ocurrir que una carga simplemente crezca sobre tu cabeza. Es importante reconocer este punto, pedir **ayuda** desde el principio y también aceptarla cuando te la ofrezcan.

A menudo, las personas con una autoimagen más bien negativa y una baja autoestima no tienen la sensación de ser importantes. Pero permíteme concluir diciendo: ¡Si no te atreves a tomarte en serio a ti mismo, tus necesidades y cargas y no aprendes a hacerlo, nadie más lo hará tampoco!

Annika Pütz 2020

1ª edición

Contacto: Psiana eCom UG/ Berumer Str. 44/ 26844 Jemgum

Diseño de portada: Fenna Larsson

Foto de portada: depositphotos.com

www.ingramcontent.com/pod-product-compliance
Lightning Source LLC
Chambersburg PA
CBHW031125160726
47989CB00016B/1716